Michaëlle Jean Public School
320 Shirley Drive
Richmond Hill, Ontario L4S 2P1

SAVAIS-TU?
Les Lions

Alain M. Bergeron
Michel Quintin
Sampar

Illustrations de Sampar

ÉDITIONS
MICHEL
QUINTIN

Catalogage avant publication de Bibliothèque et Archives nationales du Québec et Bibliothèque et Archives Canada

Bergeron, Alain M.

Les lions

(Savais-tu? ; 49)
Éd. originale: 2011.
Pour enfants de 7 ans et plus.
ISBN 978-2-89435-591-6

1. Lion - Ouvrages pour la jeunesse. 2. Lion - Ouvrages illustrés - Ouvrages pour la jeunesse. I. Quintin, Michel. II. Sampar. III. Titre. IV. Collection: Bergeron, Alain M.. Savais-tu? ; 49.

QL737.C23B4624 2013   j599.757   C2012-940954-5

Le Conseil des Arts du Canada
The Canada Council for the Arts

SODEC
Québec

Patrimoine canadien

Canadian Heritage

La publication de cet ouvrage a été réalisée grâce au soutien financier du Conseil des Arts du Canada et de la SODEC. De plus, les Éditions Michel Quintin reconnaissent l'aide financière du gouvernement du Canada par l'entremise du Fonds du livre du Canada pour leurs activités d'édition.

Gouvernement du Québec – Programme de crédit d'impôt pour l'édition de livres – Gestion SODEC

ISBN 978-2-89435-591-6

Dépôt légal – Bibliothèque et Archives nationales du Québec, 2013
Dépôt légal – Bibliothèque et Archives Canada, 2013

Éditions Michel Quintin
4770, rue Foster, Waterloo (Québec)
Canada J0E 2N0
Tél.:   450 539-3774
Téléc.: 450 539-4905
editionsmichelquintin.ca

13 - W K T - 1

Imprimé en Chine

Savais-tu qu'on trouve des lions uniquement dans certains pays d'Afrique et dans une toute petite réserve faunique en Inde?

Savais-tu que le « roi des animaux » est le deuxième plus gros félin, après le tigre ? Un lion mâle adulte peut peser jusqu'à 250 kilos.

Savais-tu que seuls les mâles ont une crinière ? Signe de puissance et de vigueur génétique, elle varie en couleur et en abondance d'un individu à l'autre.

Savais-tu que les lions vivent en groupe et mènent une vie sociale complexe ? Ce sont les seuls félins réellement sociaux.

Savais-tu qu'une troupe peut compter de 4 à 40 individus? Le groupe est généralement formé de femelles adultes, de leurs petits et de 1 à 6 mâles adultes.

Savais-tu que chaque groupe est placé sous la protection d'un mâle dominant? Il peut diriger le clan sur une période allant de 18 mois à 10 ans.

Savais-tu que le rôle principal des mâles dans la troupe est de protéger le territoire et les femelles des mâles étrangers au groupe?

Savais-tu que les mâles d'une même harde s'entendent très bien entre eux ? D'ailleurs, c'est en groupe qu'ils repoussent les mâles étrangers qui cherchent à prendre le contrôle de la bande.

Savais-tu que le rugissement des lions peut porter sur une distance de plus de 8 kilomètres? Les individus se reconnaissent entre eux à leurs rugissements.

Savais-tu que ce sont les femelles qui chassent pour tout le groupe ?
C'est aussi à elles qu'incombe l'élevage des petits.

Savais-tu que, bien que les lions chassent aussi le jour, la chasse de nuit est plus efficace surtout en terrain découvert? Cela à cause de l'effet de surprise.

Savais-tu que les proies de ces carnivores sont généralement les gros herbivores comme les zèbres, les gnous, les buffles et les gazelles?

Ils dévorent aussi, à l'occasion, des oiseaux, des reptiles, des petits mammifères et même de la charogne.

Savais-tu que, tandis qu'ils peuvent atteindre 60 km/h au sprint, plusieurs de leurs grosses proies, elles, fusent à 80 km/h?

Savais-tu que, pour cette raison, les lions chassent le plus souvent en groupe, en s'approchant doucement pour encercler leur proie?

C'est seulement quand ils sont très près qu'ils chargent. Un seul assaut sur quatre est couronné de succès.

Savais-tu que lorsqu'il bondit sur sa victime, le lion s'y cramponne?
Ses griffes rétractiles agissent comme de véritables grappins.

Savais-tu que, une fois plaquées au sol, les grosses bêtes sont mises à mort par une morsure à la gorge ou encore étouffées par l'assaillant qui engloutit, dans sa gueule, leur nez et leur bouche?

Savais-tu que toute la troupe se partage le fruit de la chasse? Ce n'est qu'à ce moment que se manifestent la dominance des mâles sur les femelles et celle des femelles sur les petits.

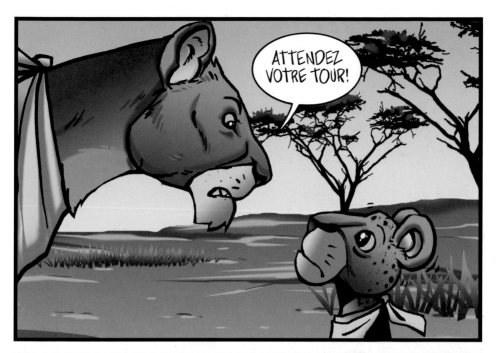

Savais-tu que les lions peuvent engloutir plus de 35 kilos de viande en un seul repas? Cependant, leur besoin quotidien en viande est de 5 à 7 kilos.

Savais-tu que l'éléphant adulte est l'un des rares animaux capables de faire face à un groupe de lions?

Savais-tu que la lionne aura de 1 à 4 petits par portée? Très souvent,
plusieurs femelles mettent bas à peu près à la même période.

Fait inhabituel chez les mammifères, les petits peuvent téter n'importe laquelle des femelles allaitantes.

Savais-tu que les lionceaux sont incapables de se débrouiller seuls avant l'âge de 2 ans ? Jusqu'à 80 % des petits n'atteignent pas cet âge.

Savais-tu qu'avant l'âge de 3 ans, les jeunes mâles sont chassés du groupe? Ils seront nomades et vagabonderont jusqu'au moment où ils pourront prendre le contrôle d'une harde.

Savais-tu que les jeunes femelles restent dans le groupe et passeront toute leur vie sur le même territoire?

Savais-tu que toutes les femelles d'une troupe sont parentes ? Les mâles adultes, eux, n'ont généralement aucun lien de parenté avec les femelles.

Savais-tu que, lorsque de nouveaux mâles s'installent dans une harde, tous les rapports hiérarchiques sont ébranlés? C'est une période difficile pour les membres du groupe.

Savais-tu que lorsqu'un lion rival parvient à expulser de la harde un chef de bande, il tue ensuite tous ses petits ? Comme les femelles deviennent

réceptives après la mort du dernier petit, le mâle peut s'accoupler plus rapidement et engendrer sa propre progéniture.

Savais-tu qu'en règle générale les lions ne s'en prennent pas à l'homme ?
Néanmoins, un lion blessé ou âgé, qui ne peut tuer ses proies habituelles,
pourrait devenir un « mangeur d'hommes ».

Savais-tu qu'à l'état sauvage ces grands félins ont une longévité d'environ 15 ans? En captivité ils peuvent vivre une trentaine d'années.

Savais-tu que cette espèce est très vulnérable et qu'elle fait face à l'extinction ? Dans la nature, sa plus grande menace est la réduction

de son habitat. On estime la population de lions à seulement 23 000 individus en Afrique et à moins de 400 en Inde.

SAVAIS-TU qu'il y a d'autres titres ?

Les Dinosaures

Les Rats

Les Piranhas

Les Crocodiles

Les Sangsues

Les Crapauds

Les Serpents

Les Hyènes

Les Corneilles

Les Scorpions

Les Caméléons

Les Diables
de Tasmanie

Les Goélands

Les Pieuvres

Les Dragons
de Komodo

Les Mantes
religieuses

Les Murènes

Les Marmottes

Les Chauves-souris

Les Rhinocéros

Les Tigres

Les Renards

Les Hiboux

Les Araignées

TOUT EN **COULEURS**